| 이 책을 내면서 |

모든 것은 지나가는 것

아무것도 너를 슬프게 하지 말며

아무것도 너를 혼란케 하지 말지니

모든 것은 다 지나가는 것 다 지나가는 것

오- 하느님은 불변하시니 인내함이 다 이기느니라

하느님을 소유한 사람은 모든 것을 소유한 것이니

하느님만으로 만족하도다

2025년

金蘭 서교분

| 추천사 |

독자와 함께 삶의 이정표를 걸고 싶은 시인!

임수홍(한국문학신문 이사장)

'인생은 너와 나의 만남이다'를 주장한 독일의 한스 카롯사(Hans Carossa)는 詩「별들의 노래」에서 별은 어둠에서 빛을 추구하는 정신의 표정처럼 어둠을 이겨낸 자만이 빛을 누린다고 했다.

금란 서교분 시인은 80대 후반으로 그동안 여러 권의 수필집과 시집을 펴내면서 살아온 삶의 흔적들 중에 얼마나 많은 별들이 반짝이며 세상을 밝게 하고 있는지를 가름할 수 있게 했다. 특히 순수하고 깨끗함에서 쓰여진 아름다운 시적 교감은 세상을 살아가는 평범한 보통 사람들에게 삶의 이정표를 안내하고 있으며, 종교를 진실하게 늘 가슴에 품으면서 詩의 깊이와 사고의 폭을 넓게 이룬 삶의 공간에서 어렵고 힘든 여정보다는 행복한 유토피아를 꿈꾸며 긍정적으로 바라보는 건강한 시야가 늘 돋보인다.

우리가 흔히 문학은 고뇌의 미학이라고 한다. 다시 말하면 가정

사나 일상에서 끊임없는 고통을 지불하면서도 신열(辛熱)을 다해 창작의 길을 마다하지 않고 걸어가는 위대한 여정이라고 말할 수 있다.

  누구든 삶을 살아가면서 마음속에 지워지지 않은 안타까운 멍울이 하나쯤 자리 잡을 수 있다. 그러나 그런 멍울을 詩적으로 승화하여 풀어내 쓴다는 것은 대단한 일이다. 문학은 결국 독자와 소통과 교감을 통해 함께 성장할 수 있는 종합비타민이기 때문이다.

  금란 서교분 시인이 이번에 내는 시집 『내 마음의 꽃』은 문단사에서 처음으로 시도하는 독특한 형식을 띠고 있다. QR코드를 이용해 詩에 맞는 노래를 함께 들을 수 있게 하여, 나이든 사람에게도 시집을 읽을 수 있도록 주변인을 배려하는 마음씀씀이가 시집 전편에 흐르고 있다.

  또, 가족 사랑이 눈으로 직접적으로 보이지 않지만 은근으로 감추면서도 깊이에서 우러나는 사랑의 기류가 주변인들에게 이슬에 스미듯 깊은 미감(美感)으로 다가온다. 그만큼 평생을 가족들을 아끼고 소중함으로 지켜주고 싶은 사랑으로 살아온 여걸이기도 하다.

  세상이 많이 변하고 있다.

  인정보다는 자본이 앞서는 현실 앞에서 80대 중반의 노시인이 평생 살아온 삶의 의미를 독자들과 나누고 싶은 언어들이 즐비한 시집 『내 마음의 꽃』을 추천하는 바이다.

| 추천사 |

시와 AI, 그리고 삶의 찬가

최경국(국보문학 번역원장)

　금란 서교분 시인님의 여섯 번째 시집 『내 마음의 꽃』이 세상에 피어나기까지, 그 안에 담긴 삶의 울림과 배움의 불꽃에 깊은 경의를 표하며 이 추천사를 씁니다.
　1939년생이신 시인님은 AI를 배우는 데 주저함이 없으셨습니다. 노트북을 새로 장만하고, 젊은 세대조차 낯설게 느끼는 AI를 적극적으로 배우시고, 'Suno AI'를 익혀 자신의 시를 노래로 제작해 세상에 선보이셨습니다. 사실은, 지금까지의 시인님의 삶이 언제나 새로운 것을 향한 끊임없는 탐구와 노력이었음을 짐작하게 합니다. 이러한 시도는 단순한 기술의 활용이 아닌, 문학과 테크놀로지의 아름다운 융합이며, 무엇보다도 시인이 독자에게 한 발짝 더 다가서려는 사랑의 실천이었습니다.

실제로 시집『내 마음의 꽃』에는 QR코드가 수록되어 있어, 독자는 스마트폰으로 시인의 시가 담긴 노래를 들을 수 있습니다. 이는 단순한 글의 전달을 넘어, 청각을 통한 감성의 울림을 더하고 있습니다. 시가 멜로디와 어우러질 때, 독자는 더 깊은 공감과 따뜻한 위로를 얻게 됩니다. 이는 단순히 기술의 활용을 넘어, 시인으로서 자신의 작품 세계를 확장하고 독자들과 소통하려는 깊은 열정의 표현입니다.

금지옥엽 - 가족을 향한 시인의 사랑

"금같이 귀한 복둥이 큰 딸이다… 세상에 나아가 금같이 귀하게 살아라."

시「금지옥엽」은 시인이 자식과 손자손녀에게 보내는 무조건적 사랑과 축복을 담고 있습니다. 특히 "도밍고", "도미니카" 등 자식들의 이름이 직접 등장하며, 그들이 세상에서 귀하고 아름답게 살아가길 바라는 간절한 마음이 시 전체에 흐릅니다.

〈자생의 숲〉에서는 뇌성마비를 가진 딸에 대한 마음이 더욱 절절하게 드러납니다.

"뇌성마비 딸을 업고 자생력을 찾기 위해 길을 나섰더라면…"

그 문장은 부모로서의 깊은 회한과, 동시에 강인한 사랑의 고백입니다. 그리고 그 사랑은 '자생의 숲'이라는 시적 이미지로 승화되어, 상처받은 존재도 스스로 살아낼 수 있는 가능성으로 열어둡니다.

신앙 – 노래가 된 기도, 시가 된 믿음
시인님의 시집 곳곳에는 깊고 순결한 신앙의 고백이 녹아 있습니다.
〈은총〉에서는 싱가포르 운동장에서 프란치스코 교황님의 손을 잡은 순간을 '은총'으로 고백하며, "하느님은 다 들어 주신다"는 확신 속에 삶의 어려움을 견디는 용기를 얻습니다.
〈엘리베이터 영성〉이라는 시에서는 "나도 예수님 계신 곳까지 올라갈 수 있는 엘리베이터를 만났으면 좋겠다"는 고백을 통해, 신앙이 단순한 교리가 아니라 삶의 희망과 해석의 도구임을 보여줍니다.
〈주님의 자비〉에서는 "인생은 풀과 같고 들꽃 같은 영화… 그러나 주님의 자비만은 한결같다"는 시구를 통해, 인간 존재의 유한성과 신의 영원한 자비를 대조적으로 보여주며 삶의 겸허함을 전합니다.

결어 – 시와 노래로 피어난 삶의 향기

『내 마음의 꽃』은 단순한 시집이 아닙니다. 한 인간이 겪어온 삶의 전 과정, 사랑과 고통, 신앙과 희망이 노래로 피어난 기록입니다.

그 안에는 "살아가는 것이 아니라 살아내는 것이다"라는 철학이 깃들어 있고, "희망은 어둔 바닥에 가라앉을 때마다 끊임없이 밀어 올리는 영혼의 부력이라네"라는 시구에서는 인생을 포기하지 않는 힘이 느껴집니다.

AI와 노래를 통해 시를 확장시키고, 사랑하는 가족과 독자, 그리고 하느님과의 대화를 이어가려는 시인의 이 여섯 번째 시집은, 한 권의 시집을 넘어 삶의 찬가이며, 기술을 넘는 따뜻한 연결입니다.

금란 서교분 시인님의 창작과 도전의 길에 따뜻한 박수를 보냅니다.

이 시집이 더 많은 이들의 마음에 꽃을 피우기를 기원합니다.

2025년 7월

/ 차례 /

이 책을 내면서   3
추천사_ 임수홍(한국문학신문 이사장)   4
        최경국(국보문학 번역원장)   6

제1부   가족

금지옥엽   18
새벽 겨울 산책   20
꽃 바구니   22
나누는 삶   26
자생의 숲   28
어머니   32
자기 다울 때   34

제2부 고독한 풍경

고통	38
싱가폴	40
새들 지저귀는 노랫소리에	42
노송	46
구름	48
다뉴브강	50
Only the Wind Knows the Future	52
기대고 사는 인연	56
삶이란	58
청산은 말없이 살라지만	60
바다의 작은 섬 처럼	64
여수바다와 노인 문인들의 추억	66
일출보다 아름다운 노을	70
하모니카 노래에 실려	74
공원 골목길을 걸으며	76
노력보다 결실의 욕심을 내지 말자	78

/ 차례 /

제3부 사랑

사랑만이 견디느니	84
사랑하게 되면	86
뜨개질	88
봄 길	90
미움이 없는 세상	92
달	94
가끔 생각나는 사람	96
최상의 아름다움	100
우정	102
마음 속 지우개	104
봄과 같은 사람	106
미소	110
내가 없다면	112
친구	116
눈	118

제4부 하느님 사랑안에서

하느님을 기억하십쇼	122
은총	124
세계의 평화의 날과 복	128
참새	132
엘리베이터 영성	134
내 버려두기	138
마음의 길	140
고요하고 거룩한 밤	142
파란 향기	146
10월이 오면	148
주님의 자비	150
오리지날	152
가슴이 뛴다	156

/ 차례 /

제5부 일상의 행복

숨쉬기	160
하모니카	162
인생의 길이	164
여행	166
앞치마 앞에 봄이 있다	170
맑고 향기롭게	172
역경	174
인생	176
순복 온천	178
작은 기쁨	180
씨뿌리기	182
하루	184
지금 하십시요	186
"안녕"	190
푸른 숨결 속에서	192
바람과 희망	194
누가 바	196

천진의 노래	198
기쁨	200
등산	202
지혜	204
내가 인생을 다시 산다면	206
어린 시절	210
시간과 함께 성장하는 긍정	212
세월이 온다	214
택시 기사의 하소연	216
더불어 사는 삶	218
승리의 깃발	220
창문을 열면 2	222
오늘은 아주 멋진 날	224
희망	228
첫눈	230
나무는 심어진 자리가 평생 둥지다	234

제1부

가족

금지옥엽

금 같이 귀한
복둥이 큰 딸이다.

금같이 귀한
도밍고 도미니코이다.

금같이 귀한
막시마 도미니카다.

금지옥엽
세상에 나아가
금같이 귀하게 살아라.

새벽 겨울 산책

하얀 숨결 흩날리는 겨울 아침
눈 덮힌 길 따라 발걸음 가볍네

큰아들과 나선 산책길
고요한 정적 속에 마음도 차분해

앙상한 가지 찬 바람에도
가슴은 따스한 햇살 가득

함께 걸으며 나누는 이야기꽃
소중한 시간 영원히 기억하리

꽃 바구니

노란 꽃 바구니가
집으로 배달 왔네
큰 아들이 보네 준 꽃 바구니
이제야 내 생일을 기억했네

몇시에 집에 계시냐고
내 일동을
조사하는가 했드니
꽃바구니 배달 시간 을 알려야 한 단다

노란꽃바구니 꽃말을 생각 해본다
사랑과 정열이다
더 포괄적 의미를 담고 있다
따듯함 애정 긍정 밝음
친절한 느낌을 일으키는 색
우정과 연결된 감정들이다

따듯함과 친절함
내가 어느때 친절하지 못했을까
애정은 더욱 민감하다
애정이 싹트는 시도를 해 보자

긍정은 내 한평생을 익어가고
긍정적 사고로
거의 모든 것을 이루고 있다

나누는 삶

늘 깨끗하고
착하게 사는 것이
사람다운 삶이라고
말씀하시며
그렇게 살기를 원하셨고
또 그렇게 사셨던
노 할아버지
배불렀을 때
배꼽은 사람을 생각하며
배부르다 대신
잘 먹었다고

할아버지 무릎에 안겨
늘 사랑만 받든 나는 혼줄이 났다

자생의 숲

회갑의 내 딸 장녀
자생의 숲을 알았더라면
혹독한 환경을 원망하지 않았겠지

뇌성마디 딸을 업고
자생역을 찾기 위해
길을 나섰더라면
혹독한 환경을 원망하지 않았겠지

푸른 하늘을 쳐다보며
자생의 숲을 걸어가다가
발자취를 따라
아낙내들 삼사 모여 수군대면

되돌아 다시 탄생으로
자생의 힘을 딛고
역경으로 발버둥 친다

마음 안에 자생의 숲을 거닐며
내 사랑하는 딸을 탄생시키겠다
자생의 힘으로 자립하다 보니
어느새 회갑이구나

순박한 얼굴
자생력을 느끼는 행복한 마음
지나가는 길손에게
함박웃음을 터트리니
자생의 숲을 탄생시켰구나

어머니

어머니
복 많은 귀한 딸

남의 눈에 띠면
눈여겨 볼까봐
색동저고리 대신
누비저고리

싫다고 하면서도
어머님이 만들어 주신
누비저고리
그 때가 그립다

내가 학교를 등교하면
성격이 급해 남보다
일찍 등교를 한다
학교에서 배울 것이 있다

어머니는 도시락을 싸들고
한걸음에 학교를 오셔
사정을 하신다
식사를 꼭 하라고

곱게도 키워 주셨든 어머니
그것도 모르고
불평만 늘어놓던
철부지 꼬마 아가씨

이렇게 한 많은 세월을 보내라고
그렇게 곱게 키우셨는지요
어머니 늘 깨끗한 흰 고무신
깨끗이 살겠습니다

자기 다울 때

모든 것은 자기 다울 때
아름다운 것이 아닐까?

아이는 아이 다 울 때 귀엽고
사랑스러운 것이고

어른이 어른 다울 때
믿음직스럽고 존경스럽지 않는가

인간으로서 한계를 느끼는 것
또한 아름다울 수 있지 않을까?

(어느 책에서 읽은 글)

제2부

고독한 풍경

고통

나를 통해 지나가는
그것은 견뎌가는 힘
은총이었다.

내가 죽을 때까지
편안했으면 좋겠다.
어떤 것이든지

모든 고통은 내 것이 아니고
나를 통과 하려고
하지 않는다.

잊혀지게 되어 있다.
사람이 흙에서 돌아갔으니
흙으로 돌아간다.

우리 존재의 의미가 무엇인가?
새기며 고통은
은총이었다고.

싱가폴

막막한 대자연에
잘 정리된 공항은
아름답다

손 짓 발 짓 하며
출국장을 눈으로도 길었다
인생도 어차피
혼자다, 혼자다

눈에 쌍불을 켜며
걸어 나간 곳
입국장
전철에서 내려
카드가 여권이다

몇년 전 큰 아들이
출장을 왔던 곳
싱가폴
세 쌍둥이 건물

꼭대기에 배 주부
수영장 위 까페에서
음료수를 마시며
오후를 즐겼다

새들 지저귀는 노랫소리에

새들 지저귀는 노랫소리에
풀과 산과 들이 뛰놀았네
산에 나무들이 춤을 추니
강과 바다들이 함께 느꼈네

하늘엔 태양이 사라지고
밤하늘은 깜깜해져 버렸네
꽃밭 속에서도 피어나지 못하니
한 해가 지나도 여름이 오질 않네

모든 사람이 아픔과 슬픔을 제거했네
사랑한다고는 하지 않았대
이름도 불러서는 안 된다 했네
평화롭게 잠들어 가야만 한대

분필로 그려진 슬픔과 슬픔
해는 빛을 잃고 얼어붙네
꽃들이 머리를 떨구고 있으니
한 해가 지나도 여름이 오질 않네

새들 지저귀는 노랫소리가 들리네
나는 오빠를 알고 있었고 오빠가 나를 움직였죠
너도 나를 눕히고 새들 소리를 듣잖아
머물러줄 수 있어요

모든 사람이 아픔과 슬픔을 제거했네
난 사랑한다고는 하지 않을래
내 이름을 부르도록 허락할게
이대로 평화롭게 있을 순 없잖아
한 해가 지나도 여름이 오질 않더군

노송

하늘을 나는 새
바람을 가로질러
나무에 내려앉아
두꺼운 공기 속[에]

부드러운 너무 찬양하는 숨소리
부드러운 기적
잎사귀를 흔드는
하늘을 품은 숭[에]

노래하는 나무 노송
푸른 소리 가득해
노래하는 나무 노송
푸르고 푸르다

휘뚜루 마뚜루 하는
휘뚜루 마뚜루 하네
휘뚜루 마뚜루 하는
푸르고 푸르다

물결치는 음악
살랑 좋은 멜로디
차갑게 카펫처럼
평화롭게 녹음기[에]

노래하는 나무 노송
푸른 소리 가득해
노래하는 나무 노송
푸르고 푸르다

구름

서산에 지는 찬란한 석양이
새날을 위한 일몰이라 지만
흘러간 삶은 덧없는 구름인가?

다뉴브강

얼마나 힘들었을까?
모이고 모여서
오늘의 강이 되었다는 것을

좁은 골짜기를 지나고
낭떠러지에서
오늘의 강이 되었다는 것을

좁은 골짜기를 지나고
낭떠러지에서
곡예사처럼 떨어져

내리면서 부딪히고
깨어지며 흘러온 강이 아니더냐

어쩌면 내 인생이
그를 닮아
지금에 내 마음에

강물이 모여
가슴에
맑은 강물이 흐르고
그동안 한 방울 조차도
거절하지 않고
받아모아
큰 물줄기가 되었다

불빛을 받아
반짝이는 다뉴강에
온몸이 빨려 들어갈 것 같다.

Only the Wind Knows the Future

하고 싶은 말 듣고 싶은 말 많은데 어찌할꼬
어머니한테 해야 할 말도 많은데 어찌할꼬
어디로 가야 사람 하나 끌어안고 사랑 노래를 할꼬
그곳으로 갈 수도 있고 그럴 수도 있는가요

가지고 싶은 것 팔고 싶은 것 많은데 어찌할꼬
어머님의 밑반찬 모조리 사고 싶은데 어찌할꼬
어디로 가야 사람 하나 끌어안고 심장 거래를 할꼬
그곳으로 갈 수도 있고 그럴 수도 있는가요

그곳 어느새 누군가가 나를 아는 봄이 오는 곳
뭐든 새로워 숙여 한 모금 마시면 흰 꽃이 피는 곳
그곳에서 겪은 모든 예쁜 기억은 가져가는 곳
Along the eastern side of this world

바꾸고 싶은 것 남겨 두고 싶은 것 많은데 어찌할꼬
어머님 억장 지켜 드리질 못했네 어찌할꼬
어디로 가면 내 손 하나 끌어안고 재밌는 얘길 할꼬
그곳으로 갈 수도 있고 그럴 수도 있는가요

그곳 어느새 누군가가 나를 아는 봄이 오는 곳
뭐든 새로워 숙여 한 모금 마시면 흰 꽃이 피는 곳
그곳에서 겪은 모든 예쁜 기억은 가져가는 곳
Along the eastern side of this world

언젠간 나도 나의 아이들 이야기 들려줄 그런 곳
어릴 적 동네 앞에 뜨겁던 팥이식혜를 먹을 수 있는 곳
그곳에서 겪은 모든 예쁜 기억은 가져가는 곳
흰 눈꽃 속에서 발사르는 내 발자국을 본

그곳 어느새 누군가가 나를 아는 봄이 오는 곳
뭐든 새로워 숙여 한 모금 마시면 흰 꽃이 피는 곳
그곳에서 겪은 모든 예쁜 기억은 가져가는 곳
Along the eastern

기대고 사는 인연

들판에 풀길이 많다 하여도
가는 길이 어렵거늘

목마른 산마루를 홀로 넘으면
어디에 목을 적시나

살아가기 힘이 가당치 않지만
그래도 못 견딜까 봐

이리저리 떠도는 저 길손과
기대고 사는 인연

구름은 물길을 따라가거니
목마르진 않겠더라

말라붙어 흙과 흙이 되어도
썩어서 꿈은 피거라

삶이란

세상에 싸움터에서
흰 그림자 검은 그림자를
낳고 담아가는 여정

숨 가쁜 청춘도 가고
뜨거운 사랑의 계절도 떠나지만
항상 미래의 꿈에 설레는 마음
어둠의 긴 터널을 통해
삶의 의미를 배우고
희망과 진실을 일깨우는 모험

삶이 흔들릴지라도
살만하다는 긍정으로 볼 때면
슬픔이 들어설 자리가 없는 공간

마지막 남기고 싶은 말 한마디는
고독 속에 평안한 그늘 만들어
곱고도 행복한 삶의 여행길이었다고

청산은 말없이 살라지만

청산은 말없이 살라지만
인간세상에도 살 곳이 있다
세상 시름 모르는 저 산에도 있겠지만
세상 인간 사랑도 갖다 버릴 건 아니지
내 모습을 아끼어 다듬어
희망을 바라면서 포기지를 마오
끝끝내 울며 새소리 높여 부르지만
언젠가 밝아올 딱한 이 인간 세상
희망을 바라오

푸르고 푸른 저 청산아
정다운 친구 내 정든 곳이니라
푸르고 푸른 저 청산인데
찰나에 가야 하나

찔레꽃 붉게 피고 백일홍 하얗게 핀
시골길 산길에 단풍나무 물들 때
향수의 단비져 옷이 젖던

정든 고향 내 고향 산천이래
어느 누가 있겠어요
산다는 걸 믿지 마오
청산도 오래 살기 힘들다고 애절히 노래하네요
어디 살고 싶으나
인간사에 이유 없다
사람에게 정을 주려 한다
생각하며 단장하면 참 아름답다
청산은 말없이 가리지 마
살 곳 많은데

끝끝내 울며 새소리 높여 부르지만
언젠가 밝아올 딱한 이 인간 세상
영광을 바라오

바다의 작은 섬 처럼

젊음의 열정
바다처럼 넘실대었지
세상을
향해 힘차게 나아갔네
지금은 조용한 섬처럼
고요해졌지만
마음속엔 여전히
푸른 바다가 펼쳐지네

고된 파도 헤치며 살아온 세월
저편엔 아름다운 세월이 있네
가족의 사랑 친구들의 우정
따스한 햇살아래
피어난 추억들

섬처럼 고립된 듯. 하지만
마음은 언제나 열려있네
새로운 만남 새로운 시작 기다리며
삶의 영혼을 아름답게
 물들여 가네

여수바다와 노인 문인들의 추억

여수 바닷가의 실버타운에는
주름 품고 있는 젊은 노인들
어쩌다 종종 오고 싶다던
노후를 보내는 문인들이 사는 곳

낮엔 죽도 시장 가서 네거리 촉검고
밤엔 포장마차 강마을 새우깡 구워
그 수평선 넘어
덮개섬에 기억을 뿌려

발가락 사이 틈을 간질이는 모래에
어린아이 앨범 꺼내놓은 한 소녀가
휴가 때 여수 여류 본 적 난 없다 하여
손을 들어 빨간 술잔 마중하네

돌산도 앞바다에 철새들이 앉아서
그저 조용히 손가락 대 한입 마셨네

그 수평선 넘어
죽포항의 추억을 뿌려

남해바다에 반팔을 걷고
파도도 노래해 고향에 왔노라고
거칠고 엉뚱한 옛이야기 속에
기억과 추억이 새로워지네

낮엔 죽도 시장 가서 네거리 촉검고
밤엔 포장마차 강마을 새우깡 구워
그 수평선 넘어
덮개섬에 기억을 뿌려

파란 향기

시인 **서교분**
(사)한국국보문인협회 자문위원
제37호 동인문집 「내 마음의 숲」 추진위원

나도
파란 하늘속에
쑥 범벅이 되었다

황새바위 성지에서
언덕을 넘어

하늘과
마음이 하나
되었구나

이처럼
푸른 하늘에
마음 담아본다

세월의 두께가
겹겹이 싸인

느티나무가
나의 이야기
들려준다

님이 손짓하는
한적한 오솔길로
고개를 드니

바쁘게 살아온
나날들 넘어
쉼이 있었다.

일출보다 아름다운 노을

얼굴을 가린 파란 바다
내 눈을 향한 해질녘
하필 그걸 지켜본 동해의 파도
더 누나 같고 온화한 남해 아닙니다

처음엔 해와 달이 가던 길
햇빛과 달빛 아래 솔직한 자아
생각해봐
일출이 더 아름다운가
아름다운 강렬한 순간

황무지를 떠밀려 걷고 있는
환한 불이 올려지려 하고있는
폐광산 같고 거센 붉은 황무지 아닙니다
황무지를 떠밀려 걷고 있는
폐광산 같고 거센 붉은 황무지 아닙니다
눈부신 붉음

이 매력의 본질은 그리움
빨려들어가 듯이 아름답니
돌이켜봐
일출이 더 아름다운가
독하고 잦은 일출

얼굴을 가린 파란 바다
내 눈을 향한 해질녘
하필 그걸 지켜본 동해의 파도
더 누나 같고 온화한 남해 아닙니다

처음엔 해와 달이 가던 길
햇빛과 달빛 아래 솔직한 자아
생각해봐
일출이 더 아름다운가
아름다운 강렬한 순간

하모니카 노래에 실려

물새도 헤엄을 멈춘
푸른 달빛 저 혼자 외로운 밤
울음 섞여 끊어질 듯 이어가고
하모니카 노래

한강의 물결이
살품이 춤을 춘다
거친 세상 하모니카 노래에 실려
불어 대는 한 여자의 슬픔과 기쁨
사랑과 기다림

한강에 철새가 떠나가고
언제나 보름달 밤이면
사랑의 노래 하늘가 맴돌고
차향은 산을 넘는다

공원 골목길을 걸으며

공원 골목길 길을 밟으며
누구의 발자국인지는 모르지만
발자국 따라
길을 내디뎌 본다

길까에 늘어진 벚꽃나무에
달려있는 송이 송이의 꽃송이는
홀로 걷는 이의 눈길을 끄네

프르고 높은 하늘엔
새털 구름이 지나가고
노란 나비는 하늘을 춤추며
홀로 걷는 공원 길
간간이 불어주는 바람과
길동무 하며 걸어간다

노력보다 결실의 욕심을 내지 말자

말미잘처럼 바닥에 앉는다
옷의 포켓에는 고래의 이빨이 들어 있다
인중이 한껏 내려오니까
눈곱도 군데군데 자꾸 낀다

균형이 힘들죠. 너무 감사하죠
포개져 우는 것도 질린다
장담도 힘들어 너무 고마워요
노력보다 결실의 욕심을 내지 말자

하늘을 안 떠올리게
아 이리 단단한가
닫혀 있는 공간에서 혼자 수영하는 중이라
같은 형식은 다시 쓰지 않을게
다른 걸 줄 수도 있는데
다른 걸 줄 수 있다

고래의 이빨을 주머니에 넣는다
눈곱이 더 생긴다
녹여서 친구에게 먹인다
비가 와서 피래미들이 움직인다

제부도에서 경춘선을 탄다
영도다리에서 친구가 한강으로 빠진다
장담이요? 누가 그걸 주워 먹는다

하늘을 안 떠올리게
아 이리 단단한가
닫혀 있는 공간에서 혼자 수영하는 중이라
같은 형식은 다시 쓰지 않을게
하늘을 안 떠올리게

제3부

사랑

사랑만이 견디느니

슬픔이 쏟아질때
카톡으로 위로로
사랑을 전하리

변화에 변심안고
사랑만이 견디느니

슬픔이 폭풍같이 몰려와도
사랑만이 견디느니

이 생각 틀렸다면
사랑하지 않으리

사랑하게 되면

어떤 것을 사랑하게 되면
고통은 사라진다

정말 마음이 가난 한 사람
어디에서 만날 수 있을까?

비천한 곳에서
아무것도 아닌 곳에서 찾아야 된다

나를 사랑에 인도하여 주는 것은
신뢰, 오직 신뢰뿐

신뢰는 절 때 적이고
영원하고

무한한 사랑 안에서
살아 있는 신앙입니다
이렇게 배웁니다

뜨개질

미소 지을 그 모습에서 세월 엮고
그대에게 드릴 마음 엮고
한 올 한 올 인생을 엮어

정성껏 선물 만들었으니
한이나 원을 풀어 버리고
베푸는 마음 받아주오

그대를 위한 뜨개질은
더불어 살고 싶은
저에 간절한 소망이오

실을 트렁크에 꽉 사서 싫어
열두식구 신부님 것 다 짜면서
그대에게 기도했다오

봄 길

길이 끝나는 곳에서도
길이 있다
길이 끝나는 곳에서도
길이 되는 사람이 있다
스스로 봄 길이 되어
끝없이 걸어가는 사람이 있다
강물은 흐르다가 멈추고
새들은 날아가 돌아오지 않고
하늘과 땅 사이의 모든 꽃잎은 흩어져도
보라
사랑이 끝난 곳에서도
사랑으로 남아있는 사람이 있다
스스로 사랑이 되어
한없이 봄길을 걸어가는 사람이 있다(정호승)

미움이 없는 세상

미움이 없는 세상에서 살고 싶어
꽃잎처럼 부드러운 마음으로
서로를 감싸안고 살고 싶어
햇살처럼 따뜻한 시선으로
세상을 바라보고 싶어

미움대신 사랑을 싣고
분노대신 용서를 베풀고
슬픔대신 기쁨을 나누고
어둠대신 빛을 밝히고

그리하여 우리 모두가
행복한 노래를 부르며
아름다운 세상을
만들어 가길

달

그리움일까?

나도 달을 닮은

그런 사람이 되고 싶고

가끔은 누군가의

달이 되고 싶다

가슴의 달

반달은 왠지 아쉽다

보름달이면

사람들이 그리워진다

가끔 생각나는 사람

상큼한 레몬사탕처럼
달달한 딸기우유처럼
너무 예쁘고 귀여워서
계속 보게 돼
소소한 네 비밀 얘기도
속 깊은 너의 고민도
이해해주고
힘이 돼주고 싶어

가끔 생각나는 사람이고 싶어
동화책의 주인공처럼
따뜻한 날의 바람처럼
가끔 생각나는 사람이고 싶어
넌 너무 예쁜 사람이니까

살짝 붉어지는 볼도
하나하나 진하게 남겨둬
언제라도 기억할 수 있게
바다의 소리 나는 너의

투명한 그 눈동자에
언제라도 비춰질 수 있게

가끔 생각나는 사람이고 싶어
동화책의 주인공처럼
따뜻한 날의 바람처럼
가끔 생각나는 사람이고 싶어
넌 너무 예쁜 사람이니까

네가 지쳐 보일 땐
혼자 웅크릴 땐
나의 목소리 잊지 말아줘
너무 보고 싶을 때
많이 그리울 때
위로가 돼주고 싶어
널 사랑해
모든 계절에도 변하지 않게
난 여기에 서 있을게
가끔 생각나는 사람이고 싶어

꽃동네에서

최상의 아름다움

한 해 동안의 모든 향기와 꽃은
한 마리 별에 주머니 속에 있고

한 광산의 모든 황홀과 재산은
한 보석의 가슴속에 있고

한 진주 속에는 바다의 그늘과
광채가 들어 있다

향기와 꽃, 그늘과 빛

황혼과 재산, 그리고— 그것들보다
더 귀한... 진실,,, 보석보다 더 밝은 신의,,,

진주보다 더 맑은
 우주에서 가장 찬란한 진실,

가장 순결한 신의는
한 소년의 키스 속에 들어 있다

우정

오랫동안 못 만나게 되면
우정은 소원해 진다

희미한 추억이 되어 버리기도 한다
나무는 심는 것도 중요하지만

기르는 것이 더욱 어렵고
보람 있다 친구는 그때 그때
친구도 있을 수 있다

그러나 정말 좋은 친구는
일생을 두고 사귀는 친구다

우정의 비극은 이별이 아니다
우정의 비극은 불신이다
서로 믿지 못하는 데서 비극은 온다

(피천득 글)

마음 속 지우개

내 마음속에
지우개 하나 챙겨 놓았지
네게 다가서는 그를
내가 다가서고 싶은 마음

마음속으로부터
싹싹 지워야겠다

내게 닥아서는 분열
일치를 위해서

마음속으로부터
싹싹 지워야겠다

내게 미움과 원망을
사랑을 위해서

마음속으로부터
싹싹 지워야겠다.

봄과 같은 사람

따스한 햇살 아래 문득 떠오른 생각
봄과 같은 사람은 어떤 모습일까

늘 희망을 품고 사는 사람
마음은 따뜻한 온기로 가득 찬 사람
친절한 미소 건네는 사람
밝고 명랑한 웃음소리 가진 사람

온유한 눈빛으로 세상을 보고
생명의 소중함을 아는 사람
감사함을 표현할 줄 아는 사람
새로운 것을 만들어 내는 사람

봄과 같은 사람 그대인가요
어둠 속에서도 빛을 내는 그대
원망과 불평 대신 해야 할 일을 찾고
최선을 다해 앞으로 나아가는 사람

어려움 속에서도 희망을 잃지 않고
용기를 내어 다시 일어서는 사람
자신의 처지를 탓하기보다
묵묵히 할 일을 해나가는 사람

그대처럼 살아갈 수 있다면
세상은 더 아름다워질 거야
봄처럼 따뜻한 그 마음 나눠줄 때
세상 모든 곳에 희망이 피어나리

봄과 같은 사람 그대인가요
어둠 속에서도 빛을 내는 그대
원망과 불평 대신 해야 할 일을 찾고
최선을 다해 앞으로 나아가는 사람

그대, 봄과 같은 사람
세상을 밝히는 따스한 빛

미소

사람의 마음을 끄는 미소
연한 얼굴 빛은
착하게 살아온
나날을 말하여 주노니
모든 것과 화목한 마음씨
순수한 사랑은 가진 심장

모든 이와 화목한 마음
모든 이와 순수한 사랑을 가진 사람
심장을 얻고 싶다

내가 없다면

아무것도 아니겠지

언젠가 이런 말 들었지
사랑은 줄어들고 불이 꺼진다고
아직은 믿어지질 않지만 (꺼지지 않아)
나도 모르게 불안한 마음이 작은 불로 타올라

네가 없는 어느 날 내리던 비에
나 없이도 너는 잘 지낼까?
그때도 너의 옆에 누가 있다면
난 어떤 마음일까?

하염없이 깨질 리듬까지
꺼지지 않는 지금까지 (꺼지지 않는 지금까지)

커터칼처럼 긋다가
미카도처럼 차곡차곡
칠판처럼 목록처럼

나를 지워 가고 있는 걸까?
커터칼처럼 긋다가
미카도처럼 차곡차곡

어둠 속에 깊이 걸었지
모든 게 다 섞여 불이 꺼졌다고
가끔은 그렇게 생각하지만 (꺼지지 않아)
작은 빛이 희망이 되어 온몸을 불로 녹여가

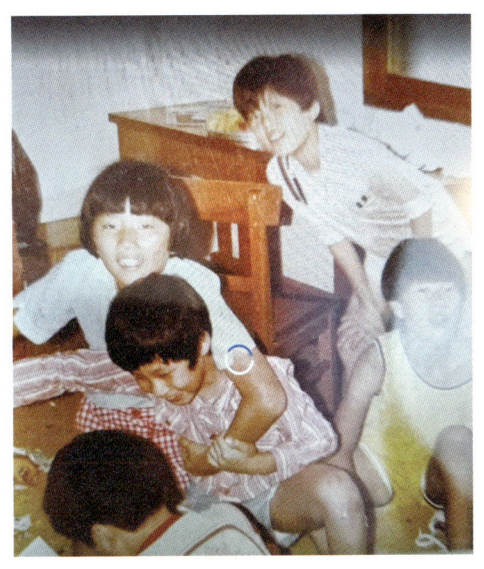

친구

타인의 슬픔을
진심으로
힘든 공감을
해 주는 친구가
있으면
내 친구다

나는 고통과 함께 간다
결긋 고통은 싸이클에
때로는 귀한 손님같이
대접한다
힘든 공감을 해주고
함께 동행함이
진정한 친구다

눈

눈빛 마주하니, 용솟음치는 힘
성공의 길, 환희, 밝히는 빛

흔들림이 없는 눈, 굳건한 의지
꿈을 향한 질주, 멈추지 않으리

제4부

하느님 사랑안에서

하느님을 기억하십쇼

살아 가는 동안에 하느님을 기억하십쇼
그런데 그 은총을 잊게 된다
사랑과 은총을 다시 한번 기억하십쇼
가까운 친구에게 감사하십쇼
하느님을 떠 올리고 나서

나이를 먹으면서 살아 가며 하느님을
잃어버리는 세속적 판단에
잃어버린 하느님을 기억하십쇼
그분의 충만 함에서
우리 모두 은총과 은총을 받았다

(오늘 강론중에서)

은총

만남 은총은 받았다
싱가폴 운동장에서
영광스럽게도
교황님께서
애원하는 내 손을 잡아 주셨다
마리아와 엘리사벳의
만남을
묵상해 본다

6시간 운동장에서
꼼짝 못하고
난방도 없어
더위도 견뎌내야 한다
견디는 은총을 받았다

간절히 바라면
하느님은 다 들어 주신다
모자람과 부족함
철부지 같이
네 미안합니다

솔뫼 성지에서
수녀님이 만든 미사보를 쓰며
초대된 자리는
앞에서부터 세번째다
적극적으로 매달렸다
앞자리에서도
교황님을 못만났다
아들이 기다리라는 순간
나도 모르게 교황님 오시는
길을 기다렸다

나를 막지 않은 경비병
다른 일행 이들은 막아
 앞자리에 못 섰다
아들
교황님 손잡으셨든 손
내 손을 잡았다
만남의 은총을
하느님은 나에게 주신거다

안생 에 힘듬을 잘 견디라는
무언의 말씀이심에
감사할 뿐이다
프란치스코 교황님

세계 평화의 날과 복

세상에서 너에게 주는 평화와는 다른
하느님이 주신 평화는 다르다

우리 안에 자비로움을 품을 때
이루어지는 거다

새해 복 많이 받으세요
하느님의 말씀을 실천하는
사람은 행복하다

믿고 지키는 복을 받기 위해
하느님 뜻데로 사는 것이 복이 오네
시편 78장 28절에
하느님께 머무는 것이
내게는 행복입니다

창세기 25장 27장
애사오와 야곱이야기

애사오의 일화는 신앙의 악화 일로를 걷는
결국 하느님의 축복을
간절이 바란 동생 야곱에게 이어졌다
축복을 놓고도 경쟁하였다는것이
우리를 슬프게 하지만
하느님의 소중함을 알아보고
하느님께 기대어 그분의 사랑과 돌봄을
체험한 야곱에게 축복이 이어져다
이 메시지 만큼은 놓치지 말아야 하겠다

(2025년 1월 1일 오늘 강론중에서)

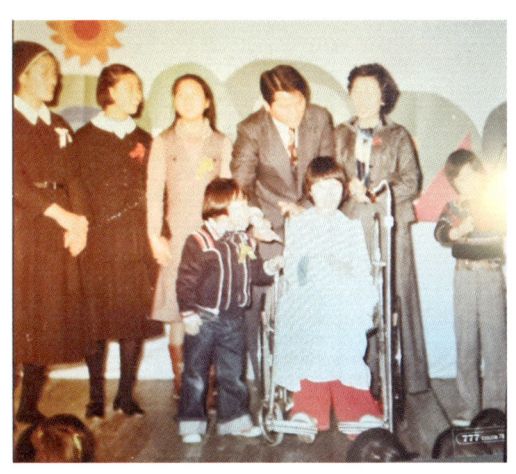

참새

우르르 모여
지지 베베
성모상 바로 옆
상수리 나무에서
짹짹짹
나를 반긴다

나는 초불을 켜며
성모님께 선종을 빈다

문득
이스라엘 여행중에
베드로가 물고기를 잡았다는
그 강가의
옆 숙소에서

새벽에 잠을 깨운
참새 소리 무리를 저서

지지배배 짹짹
그 소리에 눈을 뜬 그 소리
기억속에서
다시 또 다시 한번
황홀해진다

엘리베이터 영성

계단을 하나하나
걸어 올라갈 필요가 없지
나도 예수님 계신 곳까지

올라갈 수 있는
엘리베이터를 만났으면 좋겠다
"영원한 지혜"
예수님을 즐겁게
해드리는 것 뿐이다

10시 미사에 온 자매들
건강한 발로 계단을 뛰어 올라간다
나는 뒤를 따르며

엘리베이터 영성이 생각나
옆을 보니
엘리베이터가 기다리고 있다
평일 미사지만
예수님의 집을 한숨에 올라갔다

"영원한 지혜"
예수님을 즐겁게
해 드리는 것뿐이다

유일한 소망
계속해서 싸움
자신의 약점에 굴복하지 않고
다른 이들을 기쁘게 하려고
자기 자신을 지배하려고
노력합니다

다른 사람의 선익을 위해
하는 것이지
개인적 완덕을 위해서가 아니다

내 버려두기

자유를 누리고
하느님의 소리를 들어

조금만 더 기다리면 돼, 조금만 더

사순시기

성사를 보았다

소화 데레사 성녀의 단순함 중에
정신의 단순함을 배웠다

리스트를 정한 것이 아니다
단 한번 묻는 것
성사를 보았다
강화 일만이 성지에서

마음의 길

마음의 길은
영원 한 것
필립서 2장 14절부터 15절
무슨 일을 하든지
불평을 하거나
다투지 마십쇼

세상에서 하느님의 흠 없는
자녀가 되어
하늘을 비추는
별들처럼 빛을 떠나고 나면
내일은 아무것도 없습니다

(2023년 10월 19일) 공부한것

고요하고 거룩한 밤

고요하고 거룩한 밤,
예수님께서 허름한 마구간에서 태어나십니다
전능하신 성자께서 당신을 온전히 비우시고 한없이 낮추시어
우리 가운데에서도 가장 가난하고 약한 어린이의 모습으로
우리에게 오십니다. 이 사랑과 자비를 묵상하며
그 사랑이 우리의 삶과 세상 안에서 어떻게 열매를 맺어야 할지
깊이 묵상해 보게 됩니다

올해 우리는 그 어느때보다도 큰 혼란과 갈등 속에서
한 해의 마지막을 보내고 있습니다
갑작스러운 정치적 불안정 속에 들려오는 불안과 분열의 소식은
우리를 슬프게 하고 마음을 무겁게 한다
선한 양심을 지닌 많은 이들이 정치와 진리를 갈망하며 목소리를
내지만 그 외침이 외면받은 느낌을 받을 때도 있습니다
이러한 현실 속에서 우리는 과연 그리스도인으로서
어떤 길을 걸어야 할지 묻지 않을 수 없습니다

프란치스코 교황님께서도(복음의 기쁨2.22항) "기간은 공간보다 위대하다"라는 말씀으로 이를 표현한 바 있습니다. 인간이 서로 보듬어 나가며 성장을 위해 시작해 나가는 것
권력이 공간을 독점하는 것보다 인간이 서로 보듬어 나가며 성장을 위해 시작해 나가는 것이 중요하다는 말씀입니다.
천주교 대교구장 정순택 베드로 대주교 말씀입니다)

파란 향기

나도 파란 하늘에
쑥범벅이 되었다

황새바위 성지에서
언덕을 넘어

하늘과
마음이 하나
되었구나

이처럼
푸른 하늘에
마음을 담아본다

느티나무가
나의 야기를
들려준다

님이 손짓하는
한적한 오설길로
고개를 드니

바쁘게 살아온
나날들
넘어 쉼이 있었다

나의 이야기를
들려준다

10월이 오면

깊어가는 10월
하늘 아래
은혜로운 빛줄기가
마음에 스며든다

저 푸른 창공에
그려진 님의 모습
밤나무숲 스치는 바람처럼
가까이 느껴지네

감사함을 느끼는 가을 저녁
붉게 물든 노을 속에
성당 종소리 울려 퍼지고

"이웃을 사랑했느냐"
물음에 고개를 숙인다
깊어가는 밤 귀뚜라미 소리에
마음을 달래며

주님의 자비

인생은 풀과 같고 들꽃 같은 그 영화
스치는 바람 곁에도 남아나지 못하고
다시는 그 자취도 찾아볼 길 없다

당신은 우리의 됨됨이를 알고 계시며
우리가 티끌임을 아시는 탓이로다

동녘이 서녘에서 사이가 먼 것처럼
우리가 지운 죄를 멀리에서 주시도다

어머니가 자식을 어여삐 여기 시듯이
주는 그 섬기는 자들을 어여삐 여기시어
당신은 우리의 됨됨이를 알고 계시도다

주님의 자비만은 언제나 한결같아
당신을 섬기는 자에게 계시도다

후손 후손에게서 당신의 정의는 계시도다

주여 당신의 계명 길로 날 깨우쳐 주소서
묘하신 당신의 일들을 깊이 생각 하나이다

오리지날

우리 본당 주 신부님은
신학생때
비가 오나 눈이 오나
빠지지를 않아
오리지날 신학생이라고 했답니다

경기장에서 떨어 질때도
간절한 마음이 만들어 젖다
간절한 믿음

내가 얼마나 간절한 마음으로
누군가가 헌신이 있어
완성화가 된다

이어령
최고의 지성인이 무신론자였다
딸이 실명 직전 주의력 장애
주님의 종으로 살겠습니다
양수 같은 느낌

간절한 마음이 없으면
적당히 믿으면
변할수 가 없다

지금부터라도
오리지날 신자라고 듣기 위해
더 열심히 신앙생활을 해야겠다
오리지날 호칭을

가슴이 뛴다

주님을 생각하면
나의 마음은 슬프고도
기쁘다
나의 하느님 생각만 하면
가슴이 뛴다

그는 구원의 빛나는 옷을
나에게 입혀 주셨고
정의가 펄럭이는
겉 옷을 둘러 주셨다
이사야서 61장 10절
읽으면서
프란치스코 교황님을 뵙고
악수를 원하니
나를 잡아 주셨다
이 부족한 죄인이 마치
성인의 손을 잡은 것 같다
감사합니다

(2024년 9월 12일 싱가폴에서)

제5부

일상의 행복

숨쉬기

숨쉬기에는
두가지 은총이 있으니
들숨과 날숨이 그러하다

들숨으로 부풀고
날숨으로 도로 줄어드니
놀랍게도 삶은
이렇게 섞여 있는것

신이 너를 밀어 붙일때도 감사하라

(요한볼프강폰 괴테)

하모니카

햇살 가득한 아침
하모니카 소리
콧노래처럼 흘러나와
창밖을 감싼다

갈멘이 꼬리 흔들고 다가와
나와 함께 박자 맞춰 흥얼거린다
성가의 멜로디는 오랜 친구 같아
기쁨과 슬픔을 함께 나누었네

하모니카 소리에 실려
하늘 높이 흩어퍼지는 기도
어린시절 할머니 무릎에 앉아
들었던 자장가처럼 포근한 선열
지금도 가슴속에서 숨쉬네
하루를 시작하는 소중한 의식처럼.

인생의 길이

사람들은 말한다

인생은 길다는 사람
너무 짧다는 사람

하루는 긴데
한달은 짧고
일년은 하루 같다는 사람

나는 잘 모르겠다

여행

삶을 사랑하는 누군가가
또 다른 저편
어딘 가에 살고있는
사람들의 삶을 바라보는 것이다

재능이 뛰어난 사람보다
잘 견디는 사람이
훌륭하다고 하셨다

여행은 삶을 사랑하는 누군가가
또다른 저편 어딘가에 살고있는
사람들의 삶을 바라보는 것이다

추억 한다발 건져 올린다면
더 바랄께 없다

말을 섞지 않아도
인사를 하지 않아도

골목을 돌면
마주치는 얼굴들이
정답게 느껴진다

지나간 시간속에 살았던
그들이 남긴 가족들을 보며
이제는 어떤 사람을 만날까?
또 어떤 역사를 만날까
가슴이 쿵쿵 거린다

해변에 자리잡은
크로아티아로 향한다
시간이 정지 된것 같은
아드리아해의 숨은 보석

크로아티아
이그러진 초생달 같은
생김새 그데로 아련한
아름다움을 품고있다

지상에 진정한
천국이 있다면

바르두부로브니크다라고 했는데
바로 크로아티아 있다

디오클레티아누스 황제가 일생을 보냈던
아름다운 해안/스풀릿/도 품고 있다

크로아티아는
입안에 영근 진주를
입안에 가득 품고있다

앞치마 앞에 봄이 있다

우리 살아가는 일 속에
파도치는 날 바람 부는 날이
어디 한 두 번이랴

그런 날은 조용히 닻을 내리고
오늘 일을 잠시라도
낮은 곳에 묻어 두노야한다

우리 사랑하는 일 같아서
파도치는 날, 바람 부는 날은
높은 파도를 타지 않고
낮게 낮게 밀물 쳐야 한다

 한 순간 문학 모임
식사 자리에서
조심스럽게
빨간 앞치마를 걸어준
그에게서
봄이 찾아오고 있다

맑고 향기롭게

눈을 조심하여 남의 잘못을 보지 말고
맑고 아름다운 것 만 보라

입을 조심하여 쓸데없는 말을 하지 말고
착한 말 바른 말만 하라

나쁜 친구를 사귀지 말고
어질고 착한 이를 가까이 하라

지혜로운 이를 따르고
남을 너그럽게 용서하라

오는 것을 막지 말고
가는 것을 잡지 마라

남을 해치면 그것이 자기에게 돌아오고
세력에 의지하면 오히려 화가 따르는 법이다

(숫타니파다)중에서

역경

역경을 이겨내고
피어난 꽃이
가장 아름답다

세상이 아무리
소란스러워도
계절은 변함없이
꽃을 피운다

모든 것 다 잊고
오늘도 건강한
일상이 되기를
소원한다

나쁜 일은
바람처럼 날아가 다오

인생

인생은
살아가는 것이 아니라
살아내는 것이다

진정으로
멋진 사람은

힘든 시기를
이겨낸 사람

힘든 걸 겪어 내야만
인생의 달콤함도
느낄 수 있다

그리고 정말 중요한 것은
힘들어 본 사람만이
타인의 아픔을 품는 법

순복 온천

고개를 들면
파란 하늘이 보이는 온천
사람이 점같이 많이 있어도
작게 보인다

물소리 사람 소리도
들리지 않는 온천장은
하늘만 보여 참 좋다

노천 온천
70대부터 90대 할머니들
동그랗게 앉아 화제가
시부모 모시는 이야기에 꽃을 피운다

새집으로 이사를 하니
시부모님은 보따리 들고
미리 와 계신다
한 곳에만 계시며
큰 며느리 자랑뿐이다

작은 기쁨

새벽 별이 아침을 노래한다
하얀 씨앗
정겨운 내 가슴에 담아
잔잔한 물결로 나를 깨운다

아침 햇살에
만물들이 눈을 뜬다
힘이 없고 지칠 때
반달 같은 눈빛으로
그대를 찾아 반겨 맞이하리

차잔 속에 비치는 한 줄기 빛은
어두웠던 가슴을 비추고
나를 움직이게 하는 그대
작은 기쁨이 샘물 되어
내 길에 밝은 빛이 되리라

씨뿌리기

봄은 세가지 덕을

첫째 "생명"이요
둘째 "희망"이여
셋째 "환희"입니다.

하루

어쩌면 하루하루 사는 것이
운이었는지 모른다

가장 소중한 것은
지금 이 순간

아낌없이 사랑 하는 것이
더불어 사는 삶

소중함을 알고
남을 배려하고 공감하고
적절한 관계로 맺을 줄 안다

떨어지는 낙엽이 아름다운 것
그 안에 추억이 녹아내려 있기 때문에 하루하루 추억을 만들자

(남에 글을 읽으면서 적은 글)

지금 하십시오

할 일이 생각나거든 지금 하세요
오늘 하늘은 맑지만
내일은 구름이 보일지도 모릅니다
어제는 이미 당신의 것이 아니니
지금 하세요

친절한 말 한마디가 생각나거든 지금 말하세요
내일은 당신의 것이 아닐지도 모릅니다

사랑의 말이 있으면 지금 하세요
사랑하는 사람이
언제나 곁에 있지는 않습니다

미소를 짓고 싶으면 지금 웃으십시오
당신의 친구가 떠나기 전에
장미는 피고 가슴이 설렐 때
지금 당신이 미소를 주세요

불러야 할 노래가 있다면 지금 부르세요
당신의 해가 저물면
노래 부르기는 너무나 늦습니다
당신의 노래를 지금 부르세요

(찰스 스립전)

"안녕"

"안녕"은
편한함을 의미한다
걱정을 해서
걱정이 없어지면
걱정이 없겠네
살면서 필요 없는 것 중에 하나
걱정은 과분한 일인것
불확실한 미래에
불안감 때문에 오는 걱정
그러나 나에게 소중한 오늘
하루를 후해 없이 살다 보면
새싹들이 힘찬 기지개를 켜기 시작하겠지
따듯하게 풀린 봄
날씨처럼 하는 일도 잘 풀려
모두 걱정 없이 '안녕'
할 수 있는 봄이 되면 좋겠다

푸른 숨결 속에서

푸른 하늘 아래 싱그러운 풀잎 사이로
발걸음 가볍게 몸과 마음을 열어
자연의 속삭임에 귀를 기울여 보네

햇살 가득한 길을 따라 달리다 보면
심장 박동은 힘찬 북처럼 울려 퍼지고
가슴속 응어리는 녹아 버리네

깊게 들어 마시는 맑은 공기는
지친 몸과 마음을 정화시키고
새로운 활력을 불어넣어 주네

긍정의 마음으로 나를 채우며
자연과 하나 되는 순간
세상에 모든 근심은 사라지고
평온함이 내 마음을 감싸네
규칙적인 운동과 긍정적인 마음

바람과 희망

바람은 끊임없이 불어와
나뭇잎은 흔들고 구름을 몰아간다
때론 산들바람처럼 부드럽게 때론 태풍처럼 거세네

바람은 희망을 싣고 온다
새싹을 띄우고 꽃을 피우게 하듯
삶의 고비마다 불어와
새로운 시작을 알린다

누가 바

누가 바 누가 바
누가 내 마음을
훔쳐볼까 바

두리번하고
사방을 돌아보네
나도 모르게 살며시 다가온다

누가바 누가바
구파발 보훈회관 쉼터에서
마음을 식히네

천진의 노래

아이들 소리가 들리고
내 웃음소리가 언덕에서 들리고
내 심장은 가슴속에서 쉬고
모든 것이 고요하다

하늘에서는 작은 새들이 날고
그리고 언덕에는 양때들이 놀고 있다
그래 그래 가서 놀다가
햇빛이 스러질 때까지
그리고 그때 가자

아이들은 뛰며 소리치며 깔깔댔습니다
그리고 모든 언덕이
매아리 쳤습니다

기쁨

새벽 별이
아침을 노래해

하얀 씨앗이
정겨운 내 가슴에 다가온다

등산

어느 수녀님들이 단체로 등산을 갔네
오르면 오를수록 예쁜 꽃들이 보여
애기 수녀님이 큰 수녀님에게
꽃 이름을 물어보았다네

마침내 정상을 올라
꽃 이름을 왜우면서 하산했다네
두번째로 잘 안다는 수녀님께
꽃 이름을 물어봤다네

똑같을 줄 알았는데
전혀 다른 이름으로 이야기했다네
아는 것을 이야기할 때 겸허한 마음으로
남의 말을 심중을 키우려면 침묵하라고.

지혜

지혜로운 사람은 책망을 들을수록
슬기로워지고

의로운 사람은 배울수록
학식이 더해진다

하늘을 두려워하여 섬기는 것이
지혜의 근본이요

거룩하신 이를 깊이 아는 것이 슬기다
지혜가 시키는 대로 살아야
수명이 길고

지혜를 믿으면 자기에게 이익이 되지만
거만하면 자기만 해를 입는다

내가 인생을 다시 산다면

내가 인생을 다시 산다면
이번에는 더 많이 실수하겠습니다
긴장을 풀고 유연하게 살겠습니다
그리고 좀더 바보가 되겠습니다
되도록 모든 일은 심각하게 생각하지 않으며
보다 많은 기회를 놓치지 않겠습니다

더 자주 여행하고
더 자주 노을을 보겠다
산도 가고 강에서 수영을 즐기겠습니다
많은 고통이 있다해도
고통을 상상하지는 않겠습니다

매일을 뜻 깊고 사례 깊게 사는 사람이 되겠습니다
아 나는 이미 많은 순간들을 많이 했지만
인생을 다시 산다면 그런 순간들을 더 많이 갖겠습니다
그리고 순간을 살데
쓸데없이 시간을 보내지 않겠습니다

먼 나날만을 바라보는 대신
이 순간을 즐기며 살겠습니다

인생을 다시 산다면
간소한 차림으로 여행길을 나서겠습니다

(돈 헤럴드)

어린 시절

아이들의 소리가 잔디 위에서 들리고
웃음소리가 언덕에서 들릴 때
내 심장은 가슴 속에서 쉬고
모든 것이 고요합니다

내 어렸던 시절
깡충깡충 뛰며 시냇가에서
개울물 소리와 함께
나는 노래를 부른다

송알송알 다리 밑에 은구슬
물방울을 발로 튀기며
맑은 웃음을 지었을 그때
그때는 그리도 참 기뻤었는데

시간과 함께 성장하는 긍정

시간은 칼날처럼 날카로워
때로는 상처를 내기도 하지
하지만 긍정의 마음으로
상처를 치유하고
더욱 강인하게 성장할 수 있네

시간이라는 강물에 몸을 맡기고
긍정이라는 배를 타고 떠나보세
험난한 파도를 헤쳐나아가며
새로운 세상을 향해 나아가는 거야

세월이 온다

세월은 가는 것이 아니고
오는 것 이래요

봄이 오고 여름이 오고
가을이 오고 겨울이 오고

꽃들이 가면 열매가 오고
젊음이 가면 노년이 오네요

가는 줄만 알고 서운했는데
오는 세월이니 반가워해야지

택시 기사의 하소연

새벽 미사를 보고
카카오 택시를 불렀다
병원을 가기 위해서

이 기사 말과 행동으로 잘 지킨다며
어느 유명한 국회의원
30년 모시다 돌아 가셔

삼년 전 택시를 사주시며
내가 가면 먹고살라고
사주셨다

그런데
그 집 따님께서 정규직으로
소개를 받으셨다

개인택시를 운영해야
차를 회수하지 않아

새벽부터 아침 8시 끌고다닌다

세상엔 좋은 사람도 많다는 이야기
대화를 나누면서

세상에 이런 분들도 있구나
살만한 세상이 아닌가
아름다운 세상이 아닌가

더불어 사는 삶

행복한 삶은 베푸는 삶이다
물질적인 배품도 그렇지만
말도 행동도 베푸는 것이다
롤 모델로 살더라도
남을 위해 산 훌륭한 사람들을 본보기로
사는 것이 나무가 꽃을 피우고 열매를 맺는 일
미래상을 내다보고 사는 삶이다
자녀들에게 부끄럽지 않은 자세로 산다면
그거야말로 참된 꿈을 향해 사는 거다

(나폴레옹 51세때 마지막 충신의 몬트론 장군에게)

승리의 깃발

길가 옆 인도교
밟고 간 자리에
질갱이 종족 산다

내 길은
길가 옆 인도교
밟고 간 자리

내 길은
그 길도 푸르른 길
밟고 가면 더 커졌다

내 길은
바람이 데려다 주웠나
발펴간 자리

빈틈없이 채워 놓고
승리의 깃발 지켜든
질갱이 족속

삶이란 이런 거라고
힘주어 가르킨다.

창문을 열면 2

창문을 열면
바람이 들어오고

마음을 열면
행복이 들어 온다

아침엔 따뜻한 웃음이
문을 열고

저녁엔
행복한 마음으로 끝을 낸다

어제는
어쩔 수 없는 날이었지만

내일은
꽃과 희망이 있는 날이다

내가 웃어야
내 행운도 미소 짓고

나의 표정이
곧 행운의 얼굴이다

믿음은
수시로 들어 마시는 산소와 같고

신용은 언제나
지켜야 하는 약속과 같다
수시로

오늘은 아주 멋진 날

따뜻한 햇살에 눈 떠
설레는 오늘의 향기
가벼운 발걸음으로
머리보단 맘이 가는대로

아마도 오늘 하루완 벅차고 넘칠 거야

어떤 걱정 그 무엇도 (아무것도)
내 행복을 방해하지 못해
아마도 이 기분은 (이 기분은)
아무나 느낄 수 있는 게 아냐

창을 열어 바람을 맞아
잔나비 소리를 들어
누가 불러도 바쁘다 말해
우릴 찾는 전화도 꺼

아마도 오늘 하루가 얼마나 좋을까?

어떤 걱정 그 무엇도 (아무것도)
내 행복을 방해하지 못해
아마도 이 기분은 (이 기분은)
아무나 느낄 수 있는 게 아냐

희망

희망은
미래에 살고
현재에는 언제나 무거운 짐

희망은
 삶을 개척하라고
용기를 주는 용광로

희망은
견딜 수 없는 음지 마디에
지칠 줄 모른 생명을 불태우는 십자가

희망은
늘어진 발걸음을
다시 날게한 독수리

희망은
어둔 바닥에 가라앉을 때마다
끊임없이 밀어 올리는 영혼의 부력이라네

첫눈

하얗게 눈이 내려요
두 손 꼭 잡고 걸어요
꽃처럼 너와 함께라서
겨울이 더 아름다워

혹시 넌 알고 있었니
다가올 우리 연말은
소복이 하얗게 쌓인
처음 만난 곳일 거야

새하얀 매콤한 첫눈
우리 첫눈 같아
추억에 녹아 스며
서로 지워지지 않아
이 겨울을 설레게 해
넌 처음과 같아
눈송이 가득 내려
자연스레 다 옆에 있어줘

난 눈물 나게 행복해
슬픈 영화로 울어도
네가 지어주는 그 곰 같은 미소가
내 모든 걸 웃게 해줘

찌글 찌글 소파에 부스러진 담요
춥고 너무 긴 겨울밤
옆집 아주머니 가져다준 사골
붕어빵 노점상 할 때쯤
간다 간다 해도 무리한 사골탕에
냄비 거꾸로 들고 혼나는
내 집에도 드디어 차린 저녁상
어디서도 구워주지 않는 귀중한 복사지

새하얀 매콤한 첫눈
우리 첫눈 같아
추억에 녹아 스며
서로 지워지지 않아
이 겨울을 설레게 해
넌 처음과 같아
눈송이 가듯 내려
자연스레 다 옆에 있어 줘

나무는 심어진 자리가 평생 둥지다

음악인지 오락인지 모르지만
마음의 의상은 탈의실에 맡긴 채
넌 나무처럼 누워있어
온 세상을 들썩일 수 있기를 기도하며

억새가 달린 산인지
억만장자가 사는 집인지
넌 꿈꾸며 잔다네
언제까지나

나무는 심어진 자리가 평생둥지다
나무는 심어진 자리가 평생둥지다

나무는 심어진 자리가 평생둥지다
나무는 심어진 자리가 평생둥지다

미리부터 지도부터 그리는 사람
눈에 보이는 것 가지고 삽질하는 사람
넌 믿음을 심었네
시들시들 말랐던 나의 가슴에

난 그냥 나무였었네
진흙에 뒤덮인 채
누가 찾아와줄까
나를 캐내어줄까

나무는 심어진 자리가 평생둥지다
꽃이란 척 해도
결국 남는 것만 열매를
이제서야 새싹 나와

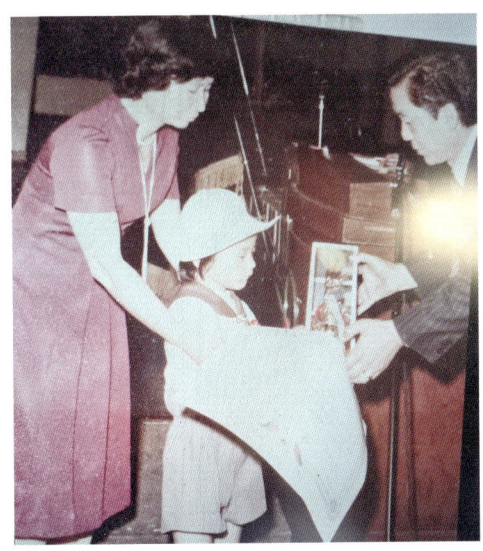

어머님께

어머님, 처음 뵈었을 때부터 사랑으로 편안함으로 대해 주셔서 너무 행복하고 감사합니다.

이제 어머님의 식구가 되기 위해 결혼하기에 앞서 이렇게 먼저 새안을 드리게 되었습니다. 예단은 많이 준비하지는 못했지만 저희 어머님 성의로 생각하시고 받아 주세요. 그 어떤 예단보다 더 값진 며느리가 될 수 있도록 노력하겠습니다.

감히 어머님께 효도를 잘해드린다고 자신있게 말씀해 드리지는 못하지만 어머님 걱정하시지 않게 최선을 다할께요.

어머님 만큼은 아직 오빠를 위하지 못했지만 앞으로는 우리 새로운 가정이 매일 웃을 수 있게 배려하고 사랑하면서 잘 살겠습니다.

훗여, 제가 아직 어머님 마음을 헤아리지 못하고 잘못하는 것이나 서운한 것이 있으시면 언제든지 말씀해 주세요.

훌륭한 사람으로 키워 주시고 두 집안의 소중한 인연이 됨을 감사하는 뜻으로 약소하지만 예단을 드리면서 제마음을 함께 섞어 보았습니다.

어머님, 지혜로움와 사랑으로 대로하고 어머님께는 사랑스런 며느리가 될께요. 오랫동안 정성과 사랑으로 면전 오빠 키워 주셔서 감사합니다.

앞으로 어머님처럼 항상 웃으면서 예쁘게 잘 살께요.
어머님 사랑합니다. 건강하시고, 행복하세요.

늘 감사 드립니다.

예비 며느리 조 안젤라 드림

할머니께, 할머니 안녕하세요~ 생일 편지를 조금 늦게 드려서 죄송해요,, 다시 생신 축하드려요!♡♡ 할머니께서 아주 건강하셔서 하느님께 너무 감사드려요! 이렇게 건강하게 오래 함께하셨으면 좋겠어요!! 할머니께는 정말 배울 점이 많다고 생각해요. 그중 항상 무언가 배우시고 도전하시는 모습은 정말 본받아야 할 점 같아요!! 성도 엄청 많이 받으시는 할머니는 정말 대단하시고 자랑스러우세요! 저도 할머니 처럼 항상 열정있고 모든일에 적극적으로 노력하시는 모습을 본받을게요! 할머니가 저를 믿어주시고 제게 기대해주시는 만큼 저도 할머니께 좋은 모습을 많이 보여드리고 싶어요!! 저를 많이 믿어주시고 지지해주시고 사랑해주셔서 항상 감사드려요!!.. 항상 용돈도 많이주시고 선물도 많이 사주셔서 감사해요ㅠㅠ 할머니께서는 항상 제게 많은 걸 알려주시고 많은 조언들 해주시면서 제 올바른 길로 이끌어 주세요, 앞으로도 할머니가 꼭 건강하셨으면 좋겠어요, 저랑 15년은 더 함께 해요,, ㅎㅎ 다시 한번 생신 축하드렸었어요!! 할머니 사랑 할머님 제 따뜻한 선생님이자 서포터에요♡ 항상 감사드립니다 사랑해요!! ♡♡

— 예니

QR 코드 스캔 방법

삼성 갤럭시 스마트폰으로 QR 코드를 간단하게 스캔하는 방법은 크게 두 가지가 있습니다. 추가 앱을 설치할 필요 없이 기본 카메라 기능이나 빠른 설정 패널을 활용할 수 있어 시니어 분들도 쉽게 따라 하실 수 있습니다.

1. 카메라 앱으로 QR 코드 스캔하기

가장 기본적인 방법으로, 스마트폰의 카메라 앱을 사용하는 것입니다.

카메라 앱 열기: 스마트폰 화면에서 '카메라' 앱을 찾아 실행합니다.

QR 코드에 카메라 대기: 카메라를 QR 코드에 비춥니다. 이때 QR 코드가 화면 중앙에 잘 보이도록 맞춰주세요.

정보 확인: 카메라가 QR 코드를 자동으로 인식하면, 화면 하단에 QR 코드에 담긴 정보(예: 웹사이트 링크)가 나타납니다. 이 알림을 누르면 해당 정보로 바로 이동합니다.

만약 카메라가 QR 코드를 인식하지 못한다면:

카메라 앱 설정에서 QR 코드 스캔 기능이 활성화되어 있는지 확인해야 할 수 있습니다.

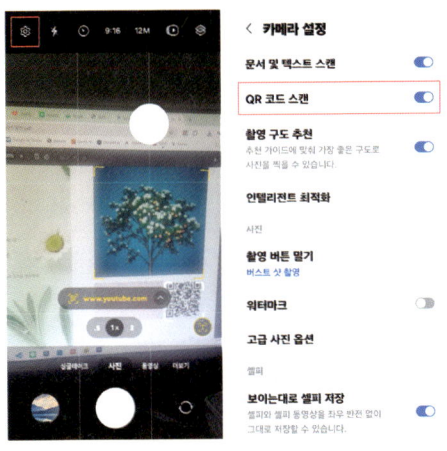

카메라 앱을 연 상태에서 화면에 있는 '설정' 아이콘(톱니바퀴 모양)을 누릅니다.

설정 메뉴에서 'QR 코드 스캔' 또는 유사한 옵션을 찾아 활성화(버튼이 녹색으로 켜지도록)합니다.

설정을 변경한 후 카메라 앱을 다시 실행하고 QR 코드를 스캔해 보세요.

2. 빠른 설정 패널로 QR 코드 스캔하기

이 방법은 카메라 앱을 직접 열지 않고도 빠르게 QR 코드 스캐너에 접근할 수 있는 편리한 방법입니다.

빠른 설정 패널 열기: 스마트폰 화면 상단을 두 손가락으로 두 번 아래로 쓸어내려 '빠른 설정 패널'을 확장합니다.

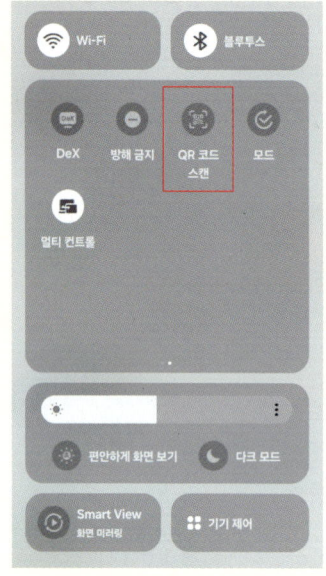

'QR 코드 스캔' 아이콘 찾기: 패널에서 'QR 코드 스캔' 아이콘을 찾아서 누릅니다. 아이콘이 바로 보이지 않을 경우, 좌우로 스와이프하여 다른 페이지를 확인하거나, 연필 아이콘을 눌러 빠른 설정 버튼을 편집하여 추가할 수 있습니다.

QR 코드 스캔: QR 코드 스캐너 화면이 열리면 카메라를 QR 코드에 비춥니다. 성공적으로 스캔되면 미세한 진동이 느껴지며 정보가 나타납니다.

정보 확인: 나타난 알림을 눌러 QR 코드에 담긴 정보(예: 웹사이트)로 이동하거나, 복사 또는 공유할 수 있습니다.

이 두 가지 방법 중 더 편리한 것을 선택하여 사용하시면 됩니다. 대부분의 삼성 갤럭시 스마트폰은 이러한 내장 기능을 통해 QR 코드를 쉽게 스캔할 수 있습니다.

내 마음의 꽃

초판 인쇄   2025년 7월 24일
초판 발행   2025년 7월 30일

지은이   서교분
발행인   임수홍
디자인   맹신형

발행처   도서출판 국보
주 소   서울 강동구 양재대로 114길 32 2층
전 화   02-476-2757~8   FAX 02-475-2759
카 페   http://cafe.daum.net/lsh19577
E-mail   kbmh11@hanmail.net

값 17,000 원

ISBN 979-11-89214-95-1

· 저자와의 협약에 의해 인지는 생략합니다.
· 이 책의 글은 저작권법에 따라 보호를 받는 저작물이므로 저자와
  출판사의 동의 없이는 무단 전재 및 무단 복제를 금합니다.

· 잘못된 책은 바꾸어드립니다.